Worldwide Ac

"Diabolically addictive."

—*The New York Post*

"A puzzling global phenomenon."

—*The Economist*

"The biggest craze to hit *The Times* since the first crossword puzzle was published in 1935. Sudoku is dangerous stuff. Forget work and family—think papers hurled across the room and industrial-sized blobs of correction fluid. I love it!"

—*The Times* of London

"England's most addictive newspaper puzzle."

—*New York* magazine

"The latest craze in games."

—BBC News

"Sudoku are to the first decade of the twenty-first century what Rubik's Cube was to the 1970s."

—*The Daily Telegraph*

"Britain has a new addiction. Hunched over newspapers on crowded subway trains, sneaking secret peeks in the office, a puzzle-crazy nation is trying to slot numbers into small checkerboard grids."

—Associated Press

"Forget crosswords."

—*The Christian Science Monitor*

Also Available

Pocket Sudoku Presented by Will Shortz, Volume 1

Pocket Sudoku Presented by Will Shortz, Volume 2

Or try these larger-format collections:

Sudoku Easy Presented by Will Shortz, Volume 1

Sudoku Easy to Hard Presented by Will Shortz, Volume 2

Sudoku Easy to Hard Presented by Will Shortz, Volume 3

Sudoku for Your Coffee Break Presented by Will Shortz

Sudoku to Boost Your Brainpower Presented by Will Shortz (Includes 16 pages of special step-by-step solving guides!)

VOLUME 4

POCKET SUDOKU

PRESENTED BY WILL SHORTZ

150 FAST, FUN PUZZLES

EDITED BY

WILL SHORTZ

PUZZLES BY

PZZL.COM

St. Martin's Paperbacks

POCKET SUDOKU PRESENTED BY WILL SHORTZ, VOLUME 4

The puzzles in this volume have previously appeared in *The Giant Book of Sudoku* and *The Ultimate Sudoku Challenge*.

ISBN: 0-312-94046-7
EAN: 80312-94046-1

Printed in the United States of America

St. Martin's Paperbacks edition / January 2006

St. Martin's Paperbacks are published by St. Martin's Press, 175 Fifth Avenue, New York, NY 10010.

10 9 8 7 6 5 4 3 2 1

Introduction

Every so often—seemingly when least expected—a brand-new puzzle comes along that knocks the world off its orbit. Almost overnight everyone seems to be doing it . . . and *talking* about it.

Witness the crossword puzzle in the 1920s, the jigsaw puzzle in the 1930s, Rubik's Cube in the 1980s, and other crazes before and after.

Now to this list of mass-insanity makers add a modest little brainteaser called sudoku. It comes to us via Japan, where the name is short for *suji wa dokushin ni kagiru* ("only single numbers allowed"). Japanese magazines consisting entirely of sudoku puzzles are said to sell six hundred thousand copies a month. Nearly every daily newspaper in London is publishing one or more sudoku puzzles, and as I write this, a collection of sudoku is the bestselling book in Britain. People all over the globe are falling under its spell.

Why the Furor?

Like all great puzzles that catch the popular fancy, sudoku is based on a simple idea. In its usual form, sudoku has a 9 × 9–square grid, with heavy lines dividing it into nine 3 × 3 boxes. The object is to fill the grid with numbers so that every row, every column, and every 3 × 3 box contains the digits from 1 to 9, without repeating. Some digits are placed in the grid to get you started.

That's all there is to it—no adding or other math involved. It's a game of pure logic.

Sudoku can be played at any difficulty level, and it is surprisingly addictive. At the easiest level, once you get the hang of it, solving is almost hypnotic as you work the numbers across, down, and around the grid. Experts can enjoy trying to solve sudoku faster and faster.

Medium-level sudoku puzzles provide fewer or less-helpful clues, and, thus, are more challenging and take longer to do. At the hardest level, where the minimum of information is provided to yield unique solutions, sudoku will severely test your powers of reasoning.

How It All Began

While the sudoku craze started abroad, the puzzle itself was invented in the United States, where it was originally called "Number Place." The first example of it appeared in *Dell Pencil Puzzles and Word Games* magazine in May 1979. Dozens more examples followed in other Dell publications.

"Number Place" did not carry a byline. However, a search of the alphabetical lists of contributors at the fronts of these magazines (from 1979 through the mid-1980s) reveals one name that appeared in every issue containing "Number Place" and in no issue that did not contain it. That name is Howard Garns. By virtually certain deduction, this is the puzzle's inventor.

No one at Dell today has any recollection of Howard Garns. My research, though, has found he was an architect, a partner in the firm Garns and Moore, in Indianapolis, Indiana, from which he retired in the 1970s. He was seventy-four years old when he sold his first "Number Place" puzzle. He died in 1989, not living long enough to see his brainchild become an international success.

After Garns stopped contributing "Number Place," other puzzle makers began creating their own for Dell. During the 1980s, an editor for Nikoli puzzle magazines in Japan saw one of these, took it home, changed its name to sudoku, and introduced it in his publications, where it became a hit. In 1997, a retired judge from New Zealand saw a Nikoli book of sudoku puzzles, was smitten by it, started making his own sudoku, eventually convinced *The Times* of London to print them (beginning in November 2004) . . . and the rest, as they say, is history.

Discover Sudoku for Yourself

This book contains one hundred and fifty original sudoku puzzles carefully calibrated for difficulty—from easy to hard. The first one hundred forty-five puzzles are of the standard 9 × 9–square variety. The last five are giant 12 × 12–square sudoku, in which the object is to enter the numbers from 1 to 12 in each row, column, and 4 × 3 box.

These puzzles were created by Peter Ritmeester and the staff of

PZZL.com. Peter is the general secretary of the World Puzzle Federation, which organizes the annual World Puzzle Championship (in which sudoku puzzles and variations have been a popular staple for years). He is also the founder/president of PZZL.com, an Internet technology company devoted to puzzles and games. His work appears on the Web sites of *The New York Times* and *The Times* of London, and in print in publications in the Netherlands, Italy, Nigeria, Dubai, Singapore, Finland, and elsewhere around the globe. No one makes better sudoku.

Soon you'll see for yourself. Pick up a pencil. Can you do sudoku?

—Will Shortz

How to Solve Sudoku

A sudoku puzzle consists of a 9 × 9–square grid subdivided into nine 3 × 3 boxes. Some of the squares contain numbers. The object is to fill in the remaining squares so that every row, every column, and every 3 × 3 box contains each of the numbers from 1 to 9 exactly once.

Solving a sudoku puzzle involves pure logic. No guesswork is needed—or even desirable. Getting started involves mastering just a few simple techniques.

Take the example on this page (in which we've labeled the nine 3 × 3 boxes A to I as shown). Note that the boxes H and I already have 8's filled in, but box G does not. Can you determine where the 8 goes here?

5	8	6					1	2
				5	2	8	6	
2	4		8	1				3
			5		3		9	
				8	1	2	4	
4		5	6			7	3	8
	5		2	3			8	1
7					8			
3	6				5			

A	B	C
D	E	F
G	H	I

The 8 can't appear in the top row of squares in box G, because an 8 already appears in the top row of I—and no number can be repeated in a row. Similarly, it can't appear in the middle row of G, because an 8 already appears in the middle row of H. So, by process of elimination, an 8 must appear in the bottom row of G. Since only one square in this row is empty—next to the 3 and 6—you have your first answer. Fill in an 8 to the right of the 6.

Next, look in the three left-hand boxes of the grid, A, D, and G. An 8 appears in both A and G (the latter being the one you just entered). In box A, the 8 appears in the middle column, while in G the 8 appears on the right. By elimination, in box D, an 8 must go in the leftmost column. But which square? The column here has two squares open.

The answer is forced by box E. Here an 8 appears in the middle row. This means an 8 cannot appear in the middle row of D. Therefore, it must appear in the top row of the leftmost column of D. You have your second answer.

In solving a sudoku, build on the answers you've filled in as far as possible—left, right, up, and down—before moving on.

For a different kind of logic, consider the sixth row of numbers—4, ?, 5, 6, ?, ?, 7, 3, 8. The missing numbers must be 1, 2, and 9, in some order. The sixth square can't be a 1, because box E already has a 1. And it can't be a 2, because a 2 already appears in the sixth column in box B. So the sixth square in the sixth row has to be a 9. Fill this in.

Now you're left with just 1 and 2 for the empty squares of this row. The fifth square can't be a 1, because box E already has a 1. So the fifth square must be a 2. The second square, by elimination, has a 1. Voilà! Your first complete row is filled in.

Box E now has only two empty squares, so this is a good spot to consider next. Only the 4 and 7 remain to be filled in. The leftmost square of the middle row can't be a 4, because a 4 already appears in this row in box F. So it must be 7. The remaining square must be 4. Your first complete box is done.

One more tip, and then you're on your own.

Consider 3's in the boxes A, B, and C. Only one 3 is filled in—in the third row, in box C. In box A you don't have enough information to fill in a 3 yet. However, you know the 3 can't appear in A's bottom row, because 3 appears in the bottom row of C. And it can't appear in the top row, because that row is already done. Therefore, it must appear in the middle row. Which square you don't know yet. But now, by elimination, you do know that in box B a 3 must appear in the top row. Specifically, it must appear in the fourth column, because 3's already appear in the fifth and sixth columns of E and H. Fill this in.

Following logic, using these and other techniques left for you to discover, you can work your way around the grid, filling in the rest of the missing numbers. The complete solution is shown below.

5	8	6	3	7	4	9	1	2
1	3	7	9	5	2	8	6	4
2	4	9	8	1	6	5	7	3
8	7	2	5	4	3	1	9	6
6	9	3	7	8	1	2	4	5
4	1	5	6	2	9	7	3	8
9	5	4	2	3	7	6	8	1
7	2	1	4	6	8	3	5	9
3	6	8	1	9	5	4	2	7

Remember, don't guess. Be careful not to repeat a number where you shouldn't, because a wrong answer may force you to start over. And don't give up. Soon you'll be a sudoku master!

Light and Easy

1

				6				
	2				3	1	8	
3	4		9					
			6				4	
6	7							2
					8	9	3	
	5		4				7	
			2	5		6		8
			8	9	1			

2 Light and Easy

2	1			5	6	3		
	8	9	4	2			7	
							1	
			5	9				
6		8		1		9		7
		1	2					8
				3		1		2
		3				8		6
9	4							

Light and Easy 3

1		6			4			7
2							5	
8			6	5		9		
				9				
		8				2	1	
		5	1	2	8			9
		1		6				
3	9	7	8		1			
								3

4 Light and Easy

1	3		9		4	7		
	8		7	3			1	
2		4			6			
9			5				2	4
							7	
	1		4					3
			8	9	5	3		
8	4					6		
		7						8

Light and Easy 5

			5					7
					1	6		
3	2			4	8			1
2	9						1	5
	7	1			3			4
	8		2		9	3		
			4	6				
1	3				7			

6 Light and Easy

6				7	3			
		7	1					
9			5	2				
				6			1	9
	4				7		5	8
2	9		8					
		2		3			4	
1				4			6	
	5	3		9			8	

Light and Easy

7

8		5	1	2		7		4
		2						
						3		
				1		9	3	5
					4			
6			8		9	1		
		8		3	2	4	1	6
	4			6	8			
3					1	8	9	

8

Light and Easy

		4			1		2	
	6		3		7		9	
		9		4	2	8	1	7
6	9					1		
1			8	2	6			
5	8		1	9		6		2
								3
			5	7	3	9	6	1
			4		8	2		

9

4		7						
							3	
	2	3						5
			3		9			8
6					5			4
				4	8		2	7
			9		7	5	8	
	8		2			4	9	
5		9		3				

10 Light and Easy

4	6						8	2
			6	4	5	1		
								5
		9		5				
8		6			1		9	
					8			3
1					3	7		6
		7	2					
			7	8		3	5	

Light and Easy

4	9	6		5		7		8
	3		4					9
		1	6			5	4	
			7			4		6
8					4			
9	4	5		6		8		7
3	7	4	5			9		
						3		4
	8	9	3		2	1		

12 Light and Easy

			1		9	2	5	
1					3			
	4	5					6	3
					5		9	
		6		8	7			
	7							2
	6	3			8	4		
	2			5	4	6	7	
		4	2					

Light and Easy

			3				8	
2		9	6					
				5		4		
		2	7	6		8		4
	7		8				3	6
					5	1		
5	6							
					4	6	5	
7	9			8			2	

14 Light and Easy

6		1			5	7		9
	5		6					
8								
5	3	8					2	
		7			3		9	
	4	9	7		8		5	6
			9	3		5		
9	7	5	8		4	6	1	
3					7			

	5					2	7	6
		2	5		3			
4	7	9	2	6			3	1
9			1	3				
		1				6		
				2		9	1	
	4	5	6		1			9
2	3	8	7		5		6	4
		6	3	4				7

16 Light and Easy

4				6	5		1	2
	1		9	3			7	
2	3				4			
			8	2				
	9					8		6
5			3				2	
8			2			7		
9				4			8	
		6		1				

Light and Easy

	1							
	5		6	1		7	9	
4			7					
	8		2					
2			3	7			5	
1					6		8	4
		4				3		
7				3	5			
	6		9		2			

18 Light and Easy

	7	6			8	1	4	2
	8	2		1	4	5		
7		8		6		4		
6	5							
3	2			7			8	
	9			5			1	6
8			1	9		3	5	
				8		9		

			3			2		1
2							4	
9	3		4					8
					3			
	6	9	5			1		3
5	8			6			2	7
	7	8				9	1	4
	4		7		8	5		

20 Light and Easy

		1			9	5	6	
	7				6			
					4			
				2	1		7	
		3	4			9		
6		8						1
	5	7					9	
		4		9	3	1		7
	9			8		6		

7	1		9			8		
9					5			1
8	6							2
			2			1		9
2	9	1	4	6				8
		4			3			
		6	5	3				4
				2				
	5							

22 Light and Easy

	3			4				2
5				3			4	
		8	5			7		6
9	2	6					5	
				7				9
						8		
		3	4	2		1	9	
8				6	7			3
	9				5			

Light and Easy

	6	2			1			5
7	4	9			3	8		1
			2	8			6	9
2			8			6		7
1				3			8	4
	5		4	7				
						3	4	6
				4			5	8
				6	8			

24 Light and Easy

	2	7		1			6	
		9	7		8			1
			9	6			7	
2			5				8	
5	1	6	8			7	9	2
7		4	6		9	3		
9	7		4				3	8
4		8		9			5	6
	5	1						

	3						6	
	8		3	4				7
	2	9	8					
2			6			7		3
		6	4				9	
							2	5
			2		1			6
		1		7		4	8	
8	9							

26 Light and Easy

2	3		9	5	1			7
6						4		
	8							
		2	6				9	
	9		5					3
	5			9	2		6	8
	6		1	3		8		5
			2					
9						3		4

		1	8				9	2
6	9				4			
8	7	2	1				6	
		5		1	8			7
7	1	8				6		
			6	7	5			
3				4		8		5
	4	7	9	8	1	2		
1				2			4	9

28 Light and Easy

				9	1	6	5	8
				2	5		4	1
	5	4		7				3
	7	3	8			2		
9	1			5				
							9	
	8				7	1		
7			5		6	4		2
						3		5

Light and Easy

29

1	4			5	3	6		
				7				
	5	6				7		
8		9		6	1		2	
7			9					
					8		1	
				9				
	6	3		1		4	5	
	7	1		3			6	

30 Light and Easy

		1	9			4		8
	4			8	1	3		
	7					6	2	
			1					
6	9		3	5		7		4
7		8		4		2		
	2							
			7		3			
9		5				8		

Light and Easy **31**

3		1	4				7	
4		7			3	6	5	
8		5	1	7			2	
1					8	2		
9				4	2	5		
		2	9	1		8	3	
2	1			9	4	3	6	
			3	6			8	
			2	8		7		9

32 Light and Easy

4	2			3	7			1
7	1		2		5			
9								6
6	3		8				9	
8						1		
2	7			4	9	3	5	
						8		5
3		2		5	4		1	9
	6	4			8		7	3

Light and Easy **33**

			9					
8				6	4	1		
7	9	6				2	5	
	5	7				6		3
	1							
3			6		8			2
			3	9				
5	6			4		9		
			2		1			6

34 Light and Easy

	3	1			7		4	
		7					9	
	8				4		3	
		8	5				7	
			7	9		1	6	
	5	9			6		8	
	6			8	2			
		5	6			8	1	
8		3						

						8		
1	7					2	3	
5	2	3		1			9	6
8		6	5					1
2		7	9	3		5	6	
	3	5	6	8		7	2	
7								3
	6	4						2
	5	1		9	2	6	7	

36

Moderate

		5				4		
7			6			9		
4		3		2		1		
		1	2	4				
					6			
					7		9	8
9							5	
8			7				6	
	5				1			

	8				4			
1						3	9	6
			9		2		1	8
5						6		
			1	8			2	
	7							
					3			7
	1							9
		2	6	5				

38 Moderate

5								
	6	3						
			8					5
				6	9			
	7					1		
4	8				1	6		9
2				5		4		
	5		7			2	1	
		9	4		6			3

Moderate

		1			9	3		2
					6			7
2			1			6		
5								8
				3	4	9	5	
6								
8								
	2		6					1
	3			5		4		

40 Moderate

	1			6				
				9			5	8
4		8		2				
	6				4		7	
7		3						
	9	1	7		3			6
	2	6				3		
		7			2			4
			8		1	2		

Moderate

	7		6		1			8
	1			5			9	
		3				7		
						6		9
6		7		1	9		3	
			3			5		
		1	4		3			
4		8						5
					2			

Moderate

					6		8	
	4		9	1			5	
2								9
8		3					7	
				4				
7						8	2	
	3	7		8	5			
	5		1		7	6		
			6	9				

Moderate

			6		8	1		7
		3		7	9		2	
5								
		4			3	5		
			9				6	
		1					7	
	4			8				
	6					7		
			3	1	2			

44 Moderate

								7
	6		3		7			1
	7	9	1	8			4	
6				9			7	8
		8				3		
		1				5	6	
5	1							2
8		6						
					8		9	

	4		8	3				
			1					6
		3	9		2			1
1						6		
7							2	
	8	2			4			
			2			1	4	
					8	9		7
	7							

46

Moderate

		7						
6			5			9		
5	3				8	6		
3			1	6			9	
							3	2
		2			3	1		
	7			1				
		1		7		2		
2	9			5				8

Moderate

		4	2					9
3					5	7		
7			4	6		3		
			1		8	2	9	
8	9					4	6	
		1						5
						8		
	4		3		7			2

48 Moderate

3			5					
4						8	1	
	9			4				
				9	3	4		
		2				1		
	3			6			5	
			8	5			4	3
		6	7					
	7					5		

Moderate

	4							
	3		1				2	
1	9	5	8				4	
					4	1		
5		2						
	7	9	5			2	3	
		1					9	7
				1				
			7	8	2	6		4

50 Moderate

	1		7	2		5		6
		9		1			2	
					3			
						1	3	
8	4					7		
				8				
			4	9			7	
					2		8	3
		5		3	7			9

Moderate

	5		1			2		6
7				9				
		3				4		
	2		3			7	6	
			2		5			
	9	4	6			8	2	
3		8					4	
			5		4			
						1		

52

Moderate

	8		2					
5	6							9
	7	9		6				
8				7		3		
6	9		3				2	
		3	9		1		4	
								8
	5				4		3	

Moderate 53

		5					4	
						1		
		8		6	2			
		4			3			
1				5		7	3	
	9							
		6		7				4
					4	9		
	3				5		6	8

54

Moderate

	1				9	7		
	2	5			6			
				2			8	
4						8		6
9							2	
8			3		7			
	9						4	
		7	9	1				
	6				5			

Moderate

5	7	3		4	2			
		2			6			
								7
4	9		1				7	
			9			5		
				7		8		6
3				5				
					3	7	8	
		4				6		3

56 Moderate

					4	6	7	2
9	1							
2	4			5	6			
	5			7		4		6
8	6			2				
				9				
							5	
							3	9
4	3		5				6	1

Moderate

	4	8						1
			9			4		
5		6						
	3		1	5			7	
			6			3	9	
	1	2	4		6		5	9
			3	2				
9							3	

58 Moderate

				2		1		
		2					8	9
		6			4			
		9	2			5		
6		5		8			4	
								8
1			4		5	3		
	4					2	6	
				1				

Moderate

1						3		
9	2					4		
	4			3			6	
	6		2		1		5	
				4	5		7	
								9
				7		2	9	
		1		5				3

60

Moderate

						7		6
				6	1			
						8	9	
		7						
					6			
		2		7				4
1	8					3		2
	4			8			6	
2		9	5					1

1		3			2		9	
				5		3		8
						7		
8		4	5	3				
		1			4			9
								1
	4		7			9		3
		2					6	
			9		6	4		

62

Moderate

		7		6				1
								2
		9		4		8		
7		6		1		4	5	
3		4			8	2	6	
		8	1					
4	6		8	5	2			
5								

			6	5			4	9
5	6		9					
		8						
2	5		7				6	
	7			9	4			
4				3		5		8
		1						2
			8		9		1	5
			3	7				

64 Moderate

9							6	
			7	2				8
	5		6					
		4						
3		8		6				
		9	3			6	5	
			4	7				6
	3	7					8	
	2			1			3	

Moderate

9				8		1		
		6				7		
		4						8
			3				7	9
7	8			6				1
			2			5		4
		5				8	6	
					5			
			4					2

66 Moderate

			8		9		7	
				5	2	8		
	8	7						6
	4							5
			3		1			
		9				3	8	
2		8	1		6			
	5						4	8
4	3							

Moderate

	8				4			
1	4	5						
			9	6				5
	6	1	8		2	9		
7					3	4		2
				7			5	
	3					2		
		4		8			9	
					7	1		

68 Moderate

	3						5	
			2		5	1		
		4			7	6		
			1	4			2	
		6					8	
			7					
	5				3			6
8						9	4	
6		7			8			

Moderate

	6						8	
2						3		1
				5				4
	3				5			
		8	9		1	7		
4						1	2	
1	8							
								2
7		4	5				6	

70

Moderate

9			2				7	
		5			7			
			4				3	8
2			1		5		9	4
6			7	9		1	8	
					8			
	8		5			4		
					1			
7	1					2		

Moderate

71

9		6	7		8			4
5	1	4					3	
2	7							
		9		7		1		
		1	9			6	4	
1	5						2	
			5					
		2		6				1

72

Moderate

	4					5		
	9							
				6	8		1	
9		7			1			
	6		4					
		5			9	8		
		2		3			7	4
			9				5	6
1						3		

		7		6				8
	8			4	5			
								1
	9		2			6	3	
			4					
3			1	7		5		
	6		8				9	
7		8						
	5						1	

74 Moderate

			9	7				5
	6			5		3		
	7			2				
		5					2	
6				4	5			3
1		4					6	8
		7			9		1	
			4				3	
2	9				7			

		1					2	
			5			8		9
7	6	8		4				3
9								7
			2	6		9		
	2				8		1	
4					6		7	
8		7			5			
	5							

76

Difficult

9			2	6			5	
			8		7		3	
8					5			
								2
5							8	
		3				9		7
		5		7		1	6	8
7								
6	8		4	1			7	

Difficult

		9		4				
				9	8	7		
2	1			3				
	3	5						6
	2						3	
8	6					9	5	
					5			
	4					2		
		7	8	6		1		

78

Difficult

		9					5	
6								9
	3		7	6				
	1							
5					2		4	
3		7	8			2		
8								
4			2				3	
				3		6	7	5

Difficult

						3		8
		3				2	1	
7	5							9
	7		9	3				2
	9			2	7			
		6		1				
	1					9		
2					5		8	
4			6			1		

80

Difficult

6	9					7		1
								3
		8	9		4	5		
	2			1	8			9
3		6	4					
		7	6	2				
								5
	5			8			3	2
		4						

Difficult

	8				2			
					1			4
5	1	9						
1	9		6					
				9	4	6		1
		4	7				5	
				4			3	
						8		9
	2				5			6

82

Difficult

8			5		6			
6			8				4	5
			1					
2	6				8			
5	7			2				3
				4		9		
	3							
							9	4
7				5			8	

4	1			5	6		2	
					4	1		
		8		3				5
			2				5	
		9					8	
3		1			9			
				1		4		
							7	
8	5		3	4				

84 Difficult

		3				6		
1		8		6	3			
2						7		
	1			7				3
	4	6		3				1
8			1					6
3					2	8		9
				4	1			

Difficult

		8					4	
			6	2				
		5	8					
			5		6			8
1	2							9
5		3				7		
9				8		1		
					1			
3		7		4	9			5

86 Difficult

			3			9	7	
					6		8	2
						3		1
	9		2	3				
				7				8
			4					
4		5	9			8		
	7		6				5	
2			5			4		3

Difficult

8			7	4	1	3		
		2						
			3	9				
					9		5	
						4		9
				5		7		6
	3				8	1	4	
5		8						
2			1	7			8	

88 Difficult

5								7
				6			1	
9					1	6		
	2				9	8		
		7	8			9	3	4
		3						
8				1		2	7	
		9		3		1	5	

Difficult

			3	7				5
4	5							8
			6					
				3				7
		3				1		
9	2	4			1			
						9		
2		6					5	
	1				9	8		3

90

Difficult

			9	3				4
					2		5	6
							3	
	7		2			9		
		4		6				
	9			4	1		8	
		7			3	1		
			5					
2	8	1						

Difficult **91**

				4				2
				7				
			9	3	8		1	
	8					3	6	
	5				3	4	8	
	6		7					
		5						
	9	2	1					
1						8	7	

92 Difficult

						9		
4		1				6		
							5	
				7		3		2
5		8			1			
6	7			8				
2	5							3
	8			6	7			
				1		2		

Difficult

	5							
		7					6	3
				1	7			
1								9
4		2	5			6		
3			2				4	
	1				8			
		4		6	3		8	7
							9	

94 Difficult

		5						
4					5		7	8
6				1				4
9	2	3		8				
		7						
					1			5
			6	3				
	9					3		
	8				4	9		1

Difficult

	5	6			2		4	3
	9			7	3	8		
8		5						
			3		4			5
				2		9		7
				3	1	6		8
					7		5	
	2						1	

96

Difficult

	4			5				
1			3				4	
		3				2		9
						8		
	9	2		4		1		3
					6			
8							6	
			2				3	8
	6		1			5		

Difficult

		2					3	5
	7				9		4	
			6				9	
				3	5			8
3	5		9		2			
2					1			
	1	5						
	6						1	
			7					3

98 Difficult

9				7	3			
	7	4						
3							8	
1	5			3		7		2
2			5				1	
				6		9		
							5	
		6	7		1	4		
			2	8				

Difficult

				3		4		
		1		5		9	2	
	8				1		5	
				2				9
								1
	6	9						
6	3			8				
	7						3	
	5			4	6			

100 Difficult

		4						
	5		2					6
		2	3	6				
								3
							1	2
2	1		7					9
			9		3		8	
	9	3	8			7		
	8				4			

Difficult

					4	3		8
	2					6		
			6					7
		8					7	2
		1	3			9		
					9			
		6	4				8	
	4	2			3			
3			8	1	7			

102 Difficult

	2							
			4					
4		3	9			1	7	
9		5	1			8		
								2
				6	5			4
	8	9	3		4			
		1	2					
	3					6		9

2				9				
				6				1
					5	7		6
9	1					2		4
					6			
								9
		8			7	9		
5		9				1		8
3			5				6	7

104

Difficult

		8	5		3			
4			7					9
6	2						4	
	4						7	
		9				3		
	3						1	2
1			4					
	8			6	2		3	
						8	2	

Difficult

							6	2
		5		6				
7	4		2		5			
2								9
	5	4			9			6
					3			
		3	6		8			7
9				5				
				3			1	4

106

Difficult

		3	7	1				
						1		4
		7	9			8		
	5							
	6			4	9	5	3	
		2				9		
		9						8
		4		5	6			
2							5	

Difficult

4	3			9				
		6					2	
1					3	5		
	9		6			8		
3				7	5			
		7			8			
	8					6		9
							1	
	2		4	5				

108 Difficult

					1		8	3
		4					7	6
		1		2				
						9		
	7			6		3		1
1		9		8				
2			9					
		6		4			5	
	8							

		9						
7		5	4					
		1	3			6	5	
							1	9
	6			5		3		
						4		8
8					4			
5				3	1		9	
					8		3	

110 Difficult

		4				9	8	1
	2		4					7
	5				6			
			7				4	
3								2
					2		9	
		6		9	4	1		
		5	1	8		2		
		8			7			9

Beware! Very Challenging! 111

3	5				4			
	4	9				8	2	
			1					
2			3			1		
		6				5	3	
		3		8	6	2	4	
			2					
8			7		5			
6								5

112 Beware! Very Challenging!

6					2		1	3
	4	2						
		1	3			5		
8				1			5	
			4					7
	7				8	4		
	6		9	2				
		5						
	2				6	8		

Beware! Very Challenging! **113**

	1		5					6
			4	7				8
		5						
8	6						9	
1							4	
		2	3					
4			6	5	3		1	
2		7		9			6	
				4	2			

114 Beware! Very Challenging!

				8	9	6	5	2
			6					
					7			1
9			5	1			3	
		8						
6						2		4
			4					
	3	4			8			6
5	9							7

	1		6				9	
	2		8		5			
				7	9	2		
7			5				3	
8		6				1		
								2
	3			8				9
							7	6
			3	6				5

116 Beware! Very Challenging!

3	6	9	1				8	
						2		
		2				1		4
7			5			3	2	
4	2						1	
					6		5	
					1			
	7		8	5				
	5	8		9				

Beware! Very Challenging! **117**

		5				4		
2	8						7	3
	6							
				1	7	8	6	
		3	2					
4			9					2
			4	8		9		
						2		
7		2					3	

118 Beware! Very Challenging!

1			3			6		
		7	4					2
	6			1				
3	7							
			2				8	
9		2	7		8			
							9	8
								6
8		4		3		5		

Beware! Very Challenging! **119**

	5		4			1		2
	9						6	
			8	7				
		6			5			1
				1				
		4	9	8				
2		5				8		
		8	7		4		3	
			5			4		9

120 Beware! Very Challenging!

	6	7				3		
		1						
					5	4	2	
					2	7	5	1
			9					
						6		
		9	3		7			
	7	6					8	
	3	5	4	6		1		

Beware! Very Challenging! **121**

								7
			6	7			1	8
		1	9		5			2
3								5
5	7		3				2	1
6						7		
	4	2	5					
			1					9
9				4				

122 Beware! Very Challenging!

1				8			7	5
	5			3	7			8
						2		
8						9	1	
			3	1				
		6						
				2	4	5		
9	7					1	8	
				9		6		

			5					
	7	9					6	
				6	7	8		
1				8		7		
	6	5	3	4				
	4							
9							3	
2				3	5			1
			4	7				

124 Beware! Very Challenging!

		5						2
							1	4
2	3						6	
6	1			3	7			
8	7		4					
								8
1	5	7					9	
	9		1	2			8	

Beware! Very Challenging! **125**

	9		4		2			
4					5		3	
8	1							
				3		9		6
	4	7	1					
	8		5			1		
					6	5		4
								8
5	7		8					

126 Beware! Very Challenging!

		8		3	2	1		
		4				3	8	
	6			4	9			
		3						
8			1				6	
				6	5			2
2	7					8	1	
					8			9

Beware! Very Challenging! **127**

			2	1				
		3	4	9				1
9					5			
		8		6		5		
1								7
		6	8					
5				2		7	8	3
		4	1	3	8			
								4

128 Beware! Very Challenging!

						3		
7			5		9			
	3	5						
		6		1		2	8	9
		4		9			1	7
		1			3			
			8	7			2	4
	6			2			7	

								2
	7				3	6	9	
3	4				2	1		
			8		9	3	6	
	3				4		2	8
4			1	7				
		6						1
9								

130 Beware! Very Challenging!

		3		7			1	
	6				8		5	
7			2		3			
	3	1				9		8
					9			
			1				4	2
								4
				6	5		7	
	7		8			6		

Beware! Very Challenging! **131**

					9			
	2					8		
		6				2		5
3			6					
	8				7	1		
2	1	7			3			6
			5	4			7	8
		5			2			
					8		9	

132 Beware! Very Challenging!

	4		8					
			1	7				3
		6	3		4			
7	2							
	5				6		3	8
4				1				
6	3						4	
		1					9	
2				8				

	5			4	6			
8			1	9				
7								3
				7	9		1	
6	1			2	8		5	
								2
1	3							
4						1		
		7					8	9

134 Beware! Very Challenging!

3		8						2
			6	7	4	5		
			7			8		
9							6	
5					2	3		
								1
	4				5			3
1				2	3		4	

		4	2		1			8
	8			5	4		7	
					7			
	5		1	7	2			
3			4			6	9	
			3					
1						7		
	4							2
	7						8	

136 Beware! Very Challenging!

				3				6
	8				6			
1	2		9	7			5	
	3					7		
			2		4			
	6	2					9	
	7	3	1	6		8		
						9		
		8					3	2

Beware! Very Challenging! **137**

							4	
		9					1	
1			5	2		3		
	6							
8			4			5		
	7		3			8	9	
				3				
	4		1	5				
	2		9			7		4

138 Beware! Very Challenging!

			6					
		1					9	
5	3				4	2		
9	8		2			3	5	
	4						2	8
						9		
6			7	8				
			9				6	
	7						4	5

Beware! Very Challenging! **139**

		3	2	8	4			
					6			
		2	7				9	
3								
5	6	7				9		
	1		8	2				
						6		5
	7		1	6		8		
			9			1		

140 Beware! Very Challenging!

8		5						
1	7						9	
6			2	1				
					4			
3							8	
		6	3			1		
	2		1		9			7
								8
7			6	8		5	3	

Beware! Very Challenging! **141**

	6		1		3			
4								5
2	8							
		8				1		
	9			6		3		7
			2					
5							3	
		7		3	2			
6			7		8		9	

142 Beware! Very Challenging!

	3					4		5
		7					1	
			7	9		5		
		6		5		8		
2				4			7	3
			9	2				7
	4		3			9		
			1		6			

9	1		4	8				
			3					1
								9
						3	6	
2		4	9					
	6			3				7
7					4			
		2				6		
		9			5	8	7	

144 Beware! Very Challenging!

	6							
			3				6	
3				9			4	1
9		8	5					7
			4	2		5		
					7			
5			7		4			
	3	1						
6					8	4	2	

			3					
		1			9		7	6
5			4			9		8
						6		7
		5						
2	8							
			9			8		2
7	3		5	1				
	6			3				

146 Bonus Giant Sudoku

		3	1	12							
	11			10			7				5
2			12							10	6
			3		7		8		6		
				1							2
5	7	10						9			
6			4			2			7		8
				4				11			12
	2		8						5		4
4	6	1							11		
			2			4	3				
					8			10	9		

1			12		11		10	6	2		4
	2				4			7			
4				9		5				10	3
									5		11
			10	11							9
12	11		1								6
				5	3	4	6				
		4	2	1	10				12		7
									9	8	
			5			2			7		
	4	10						1			8
8	3	7			12	11					

148 Bonus Giant Sudoku

	8		1		3	12	10			11	
		5						6	4		
				8	1						
5					12						8
	1	7					8			9	
2			9			3			7		
	2				4		6	5	1		
8			11					9			
	3			7			9		10		
12						11					4
	5	4				10					7
			2		9	1	5	3			

Bonus Giant Sudoku **149**

1			6								
			9		2	11					
	2			12		5	10				8
2							9			3	
	12	9							5	1	
	10		7	5							11
			5	3			6			10	
	3	4						1	7	8	12
			2						3		
			10					8			
	4				8		7	11		5	9
			12			10		6			4

150 Bonus Giant Sudoku

	6						5	9		10	
10	11		1					6	2		
					4			3	8	5	
8				1		10		5	11	4	
		1	10	3				8			
2					7	12					
				4					1	11	
7					5				6		
	12	4		11	9					7	3
	4	11			3					6	
	9										
			12	2							

ANSWERS

1

5	8	7	1	6	4	3	2	9
9	2	6	5	7	3	1	8	4
3	4	1	9	8	2	7	6	5
2	9	3	6	1	5	8	4	7
6	7	8	3	4	9	5	1	2
4	1	5	7	2	8	9	3	6
8	5	9	4	3	6	2	7	1
1	3	4	2	5	7	6	9	8
7	6	2	8	9	1	4	5	3

2

2	1	7	9	5	6	3	8	4
3	8	9	4	2	1	6	7	5
5	6	4	8	7	3	2	1	9
7	3	2	5	9	8	4	6	1
6	5	8	3	1	4	9	2	7
4	9	1	2	6	7	5	3	8
8	7	5	6	3	9	1	4	2
1	2	3	7	4	5	8	9	6
9	4	6	1	8	2	7	5	3

3

1	5	6	9	8	4	3	2	7
2	4	9	7	1	3	8	5	6
8	7	3	6	5	2	9	4	1
7	1	2	5	9	6	4	3	8
9	6	8	4	3	7	2	1	5
4	3	5	1	2	8	6	7	9
5	2	1	3	6	9	7	8	4
3	9	7	8	4	1	5	6	2
6	8	4	2	7	5	1	9	3

4

1	3	6	9	5	4	7	8	2
5	8	9	7	3	2	4	1	6
2	7	4	1	8	6	9	3	5
9	6	3	5	1	7	8	2	4
4	5	2	3	6	8	1	7	9
7	1	8	4	2	9	5	6	3
6	2	1	8	9	5	3	4	7
8	4	5	2	7	3	6	9	1
3	9	7	6	4	1	2	5	8

5

9	1	8	5	2	6	4	3	7
5	4	7	3	9	1	6	2	8
3	2	6	7	4	8	9	5	1
2	9	3	6	7	4	8	1	5
6	7	1	8	5	3	2	9	4
4	8	5	2	1	9	3	7	6
8	6	2	1	3	5	7	4	9
7	5	9	4	6	2	1	8	3
1	3	4	9	8	7	5	6	2

6

6	2	8	4	7	3	1	9	5
5	3	7	1	8	9	6	2	4
9	1	4	5	2	6	8	3	7
7	8	5	3	6	2	4	1	9
3	4	6	9	1	7	2	5	8
2	9	1	8	5	4	3	7	6
8	6	2	7	3	5	9	4	1
1	7	9	2	4	8	5	6	3
4	5	3	6	9	1	7	8	2

7

8	9	5	1	2	3	7	6	4
4	3	2	6	9	7	5	8	1
1	6	7	4	8	5	3	2	9
7	8	4	2	1	6	9	3	5
2	1	9	3	5	4	6	7	8
6	5	3	8	7	9	1	4	2
5	7	8	9	3	2	4	1	6
9	4	1	7	6	8	2	5	3
3	2	6	5	4	1	8	9	7

8

8	7	4	9	5	1	3	2	6
2	6	1	3	8	7	5	9	4
3	5	9	6	4	2	8	1	7
6	9	2	7	3	5	1	4	8
1	4	3	8	2	6	7	5	9
5	8	7	1	9	4	6	3	2
7	1	5	2	6	9	4	8	3
4	2	8	5	7	3	9	6	1
9	3	6	4	1	8	2	7	5

9

4	9	7	5	8	3	1	6	2
1	6	5	4	7	2	8	3	9
8	2	3	1	9	6	7	4	5
2	7	4	3	1	9	6	5	8
6	3	8	7	2	5	9	1	4
9	5	1	6	4	8	3	2	7
3	4	2	9	6	7	5	8	1
7	8	6	2	5	1	4	9	3
5	1	9	8	3	4	2	7	6

10

4	6	5	1	3	7	9	8	2
9	2	8	6	4	5	1	3	7
7	1	3	8	2	9	4	6	5
3	7	9	4	5	2	6	1	8
8	5	6	3	7	1	2	9	4
2	4	1	9	6	8	5	7	3
1	8	4	5	9	3	7	2	6
5	3	7	2	1	6	8	4	9
6	9	2	7	8	4	3	5	1

11

4	9	6	1	5	3	7	2	8
5	3	8	4	2	7	6	1	9
7	2	1	6	9	8	5	4	3
2	1	3	7	8	5	4	9	6
8	6	7	9	3	4	2	5	1
9	4	5	2	6	1	8	3	7
3	7	4	5	1	6	9	8	2
1	5	2	8	7	9	3	6	4
6	8	9	3	4	2	1	7	5

12

6	3	7	1	4	9	2	5	8
1	8	2	5	6	3	9	4	7
9	4	5	8	7	2	1	6	3
3	1	8	4	2	5	7	9	6
2	5	6	9	8	7	3	1	4
4	7	9	6	3	1	5	8	2
5	6	3	7	9	8	4	2	1
8	2	1	3	5	4	6	7	9
7	9	4	2	1	6	8	3	5

13

6	4	5	3	1	7	2	8	9
2	3	9	6	4	8	7	1	5
8	1	7	2	5	9	4	6	3
3	5	2	7	6	1	8	9	4
4	7	1	8	9	2	5	3	6
9	8	6	4	3	5	1	7	2
5	6	8	1	2	3	9	4	7
1	2	3	9	7	4	6	5	8
7	9	4	5	8	6	3	2	1

14

6	2	1	3	4	5	7	8	9
7	5	4	6	8	9	2	3	1
8	9	3	1	7	2	4	6	5
5	3	8	4	9	6	1	2	7
1	6	7	2	5	3	8	9	4
2	4	9	7	1	8	3	5	6
4	8	6	9	3	1	5	7	2
9	7	5	8	2	4	6	1	3
3	1	2	5	6	7	9	4	8

15

8	5	3	4	1	9	2	7	6
6	1	2	5	7	3	4	9	8
4	7	9	2	6	8	5	3	1
9	2	4	1	3	6	7	8	5
3	8	1	9	5	7	6	4	2
5	6	7	8	2	4	9	1	3
7	4	5	6	8	1	3	2	9
2	3	8	7	9	5	1	6	4
1	9	6	3	4	2	8	5	7

16

4	8	9	7	6	5	3	1	2
6	1	5	9	3	2	4	7	8
2	3	7	1	8	4	6	9	5
1	4	3	8	2	6	9	5	7
7	9	2	4	5	1	8	3	6
5	6	8	3	7	9	1	2	4
8	5	4	2	9	3	7	6	1
9	2	1	6	4	7	5	8	3
3	7	6	5	1	8	2	4	9

17

9	1	7	8	2	3	5	4	6
8	5	2	6	1	4	7	9	3
4	3	6	7	5	9	8	1	2
6	8	5	2	4	1	9	3	7
2	4	9	3	7	8	6	5	1
1	7	3	5	9	6	2	8	4
5	9	4	1	6	7	3	2	8
7	2	8	4	3	5	1	6	9
3	6	1	9	8	2	4	7	5

18

4	3	1	6	2	5	7	9	8
5	7	6	9	3	8	1	4	2
9	8	2	7	1	4	5	6	3
7	1	8	2	6	9	4	3	5
6	5	9	8	4	3	2	7	1
3	2	4	5	7	1	6	8	9
2	9	3	4	5	7	8	1	6
8	6	7	1	9	2	3	5	4
1	4	5	3	8	6	9	2	7

19

8	5	4	3	7	9	2	6	1
2	1	7	6	8	5	3	4	9
9	3	6	4	1	2	7	5	8
7	2	1	8	4	3	6	9	5
4	6	9	5	2	7	1	8	3
5	8	3	9	6	1	4	2	7
6	9	5	1	3	4	8	7	2
3	7	8	2	5	6	9	1	4
1	4	2	7	9	8	5	3	6

20

2	8	1	7	3	9	5	6	4
4	7	9	8	5	6	2	1	3
5	3	6	2	1	4	7	8	9
9	4	5	3	2	1	8	7	6
7	1	3	4	6	8	9	5	2
6	2	8	9	7	5	4	3	1
1	5	7	6	4	2	3	9	8
8	6	4	5	9	3	1	2	7
3	9	2	1	8	7	6	4	5

21

7	1	3	9	4	2	8	5	6
9	4	2	6	8	5	3	7	1
8	6	5	3	7	1	4	9	2
6	3	7	2	5	8	1	4	9
2	9	1	4	6	7	5	3	8
5	8	4	1	9	3	2	6	7
1	2	6	5	3	9	7	8	4
3	7	9	8	2	4	6	1	5
4	5	8	7	1	6	9	2	3

22

6	3	9	7	4	1	5	8	2
5	7	2	8	3	6	9	4	1
1	4	8	5	9	2	7	3	6
9	2	6	1	8	4	3	5	7
4	8	5	6	7	3	2	1	9
3	1	7	2	5	9	8	6	4
7	6	3	4	2	8	1	9	5
8	5	1	9	6	7	4	2	3
2	9	4	3	1	5	6	7	8

23

8	6	2	7	9	1	4	3	5
7	4	9	6	5	3	8	2	1
3	1	5	2	8	4	7	6	9
2	3	4	8	1	5	6	9	7
1	7	6	9	3	2	5	8	4
9	5	8	4	7	6	2	1	3
5	8	7	1	2	9	3	4	6
6	2	1	3	4	7	9	5	8
4	9	3	5	6	8	1	7	2

24

8	2	7	3	1	5	4	6	9
3	6	9	7	4	8	5	2	1
1	4	5	9	6	2	8	7	3
2	9	3	5	7	1	6	8	4
5	1	6	8	3	4	7	9	2
7	8	4	6	2	9	3	1	5
9	7	2	4	5	6	1	3	8
4	3	8	1	9	7	2	5	6
6	5	1	2	8	3	9	4	7

25

1	3	4	7	5	2	8	6	9
6	8	5	3	4	9	2	1	7
7	2	9	8	1	6	5	3	4
2	1	8	6	9	5	7	4	3
3	5	6	4	2	7	1	9	8
9	4	7	1	3	8	6	2	5
4	7	3	2	8	1	9	5	6
5	6	1	9	7	3	4	8	2
8	9	2	5	6	4	3	7	1

26

2	3	4	9	5	1	6	8	7
6	7	1	3	2	8	4	5	9
5	8	9	7	6	4	1	3	2
7	4	2	6	8	3	5	9	1
8	9	6	5	1	7	2	4	3
1	5	3	4	9	2	7	6	8
4	6	7	1	3	9	8	2	5
3	1	8	2	4	5	9	7	6
9	2	5	8	7	6	3	1	4

27

4	5	1	8	6	7	3	9	2
6	9	3	2	5	4	1	7	8
8	7	2	1	3	9	5	6	4
9	6	5	3	1	8	4	2	7
7	1	8	4	9	2	6	5	3
2	3	4	6	7	5	9	8	1
3	2	9	7	4	6	8	1	5
5	4	7	9	8	1	2	3	6
1	8	6	5	2	3	7	4	9

28

3	2	7	4	9	1	6	5	8
6	9	8	3	2	5	7	4	1
1	5	4	6	7	8	9	2	3
5	7	3	8	4	9	2	1	6
9	1	6	7	5	2	8	3	4
8	4	2	1	6	3	5	9	7
4	8	5	2	3	7	1	6	9
7	3	9	5	1	6	4	8	2
2	6	1	9	8	4	3	7	5

29

1	4	7	2	5	3	6	9	8
3	9	8	1	7	6	2	4	5
2	5	6	4	8	9	7	3	1
8	3	9	7	6	1	5	2	4
7	1	4	9	2	5	3	8	6
6	2	5	3	4	8	9	1	7
5	8	2	6	9	4	1	7	3
9	6	3	8	1	7	4	5	2
4	7	1	5	3	2	8	6	9

30

2	3	1	9	7	6	4	5	8
5	4	6	2	8	1	3	9	7
8	7	9	5	3	4	6	2	1
4	5	3	1	2	7	9	8	6
6	9	2	3	5	8	7	1	4
7	1	8	6	4	9	2	3	5
3	2	7	8	6	5	1	4	9
1	8	4	7	9	3	5	6	2
9	6	5	4	1	2	8	7	3

31

3	2	1	4	5	6	9	7	8
4	9	7	8	2	3	6	5	1
8	6	5	1	7	9	4	2	3
1	7	4	5	3	8	2	9	6
9	8	3	6	4	2	5	1	7
6	5	2	9	1	7	8	3	4
2	1	8	7	9	4	3	6	5
7	4	9	3	6	5	1	8	2
5	3	6	2	8	1	7	4	9

32

4	2	6	9	3	7	5	8	1
7	1	8	2	6	5	9	3	4
9	5	3	4	8	1	7	2	6
6	3	5	8	1	2	4	9	7
8	4	9	5	7	3	1	6	2
2	7	1	6	4	9	3	5	8
1	9	7	3	2	6	8	4	5
3	8	2	7	5	4	6	1	9
5	6	4	1	9	8	2	7	3

33

4	3	1	9	2	5	7	6	8
8	2	5	7	6	4	1	3	9
7	9	6	1	8	3	2	5	4
2	5	7	4	1	9	6	8	3
6	1	8	5	3	2	4	9	7
3	4	9	6	7	8	5	1	2
1	7	2	3	9	6	8	4	5
5	6	3	8	4	7	9	2	1
9	8	4	2	5	1	3	7	6

34

5	3	1	9	6	7	2	4	8
4	2	7	8	3	1	5	9	6
9	8	6	2	5	4	7	3	1
6	1	8	5	2	3	4	7	9
3	4	2	7	9	8	1	6	5
7	5	9	4	1	6	3	8	2
1	6	4	3	8	2	9	5	7
2	7	5	6	4	9	8	1	3
8	9	3	1	7	5	6	2	4

35

6	4	9	2	5	3	8	1	7
1	7	8	4	6	9	2	3	5
5	2	3	7	1	8	4	9	6
8	9	6	5	2	7	3	4	1
2	1	7	9	3	4	5	6	8
4	3	5	6	8	1	7	2	9
7	8	2	1	4	6	9	5	3
9	6	4	3	7	5	1	8	2
3	5	1	8	9	2	6	7	4

36

1	9	5	8	7	3	4	2	6
7	2	8	6	1	4	9	3	5
4	6	3	9	2	5	1	8	7
5	8	1	2	4	9	6	7	3
3	7	9	5	8	6	2	1	4
2	4	6	1	3	7	5	9	8
9	3	2	4	6	8	7	5	1
8	1	4	7	5	2	3	6	9
6	5	7	3	9	1	8	4	2

37

9	8	6	3	1	4	5	7	2
1	2	4	5	7	8	3	9	6
3	5	7	9	6	2	4	1	8
5	3	8	7	2	9	6	4	1
4	6	9	1	8	5	7	2	3
2	7	1	4	3	6	9	8	5
8	4	5	2	9	3	1	6	7
6	1	3	8	4	7	2	5	9
7	9	2	6	5	1	8	3	4

38

5	9	8	6	1	2	3	4	7
7	6	3	9	4	5	8	2	1
1	4	2	8	3	7	9	6	5
3	2	1	5	6	9	7	8	4
9	7	6	3	8	4	1	5	2
4	8	5	2	7	1	6	3	9
2	3	7	1	5	8	4	9	6
6	5	4	7	9	3	2	1	8
8	1	9	4	2	6	5	7	3

39

4	6	1	5	7	9	3	8	2
3	8	9	4	2	6	5	1	7
2	5	7	1	8	3	6	9	4
5	9	3	7	6	2	1	4	8
7	1	2	8	3	4	9	5	6
6	4	8	9	1	5	7	2	3
8	7	4	3	9	1	2	6	5
9	2	5	6	4	7	8	3	1
1	3	6	2	5	8	4	7	9

40

5	1	9	4	6	8	7	3	2
6	3	2	1	9	7	4	5	8
4	7	8	3	2	5	6	9	1
8	6	5	2	1	4	9	7	3
7	4	3	9	8	6	1	2	5
2	9	1	7	5	3	8	4	6
1	2	6	5	4	9	3	8	7
9	8	7	6	3	2	5	1	4
3	5	4	8	7	1	2	6	9

41

9	7	5	6	3	1	4	2	8
2	1	4	7	5	8	3	9	6
8	6	3	9	2	4	7	5	1
3	4	2	8	7	5	6	1	9
6	5	7	2	1	9	8	3	4
1	8	9	3	4	6	5	7	2
5	2	1	4	6	3	9	8	7
4	3	8	1	9	7	2	6	5
7	9	6	5	8	2	1	4	3

42

9	1	5	3	7	6	2	8	4
3	4	8	9	1	2	7	5	6
2	7	6	8	5	4	3	1	9
8	9	3	2	6	1	4	7	5
5	2	1	7	4	8	9	6	3
7	6	4	5	3	9	8	2	1
6	3	7	4	8	5	1	9	2
4	5	9	1	2	7	6	3	8
1	8	2	6	9	3	5	4	7

43

4	2	9	6	5	8	1	3	7
8	1	3	4	7	9	6	2	5
5	7	6	2	3	1	8	4	9
7	9	4	1	6	3	5	8	2
2	5	8	9	4	7	3	6	1
6	3	1	8	2	5	9	7	4
1	4	5	7	8	6	2	9	3
3	6	2	5	9	4	7	1	8
9	8	7	3	1	2	4	5	6

44

1	8	3	9	4	6	2	5	7
4	6	5	3	2	7	9	8	1
2	7	9	1	8	5	6	4	3
6	5	2	4	9	3	1	7	8
7	4	8	6	5	1	3	2	9
9	3	1	8	7	2	5	6	4
5	1	4	7	6	9	8	3	2
8	9	6	2	3	4	7	1	5
3	2	7	5	1	8	4	9	6

45

5	4	1	8	3	6	2	7	9
9	2	7	1	4	5	3	8	6
8	6	3	9	7	2	4	5	1
1	5	4	7	2	3	6	9	8
7	3	9	6	8	1	5	2	4
6	8	2	5	9	4	7	1	3
3	9	8	2	6	7	1	4	5
2	1	6	4	5	8	9	3	7
4	7	5	3	1	9	8	6	2

46

9	2	7	6	4	1	3	8	5
6	1	8	5	3	7	9	2	4
5	3	4	9	2	8	6	7	1
3	4	5	1	6	2	8	9	7
1	6	9	7	8	5	4	3	2
7	8	2	4	9	3	1	5	6
8	7	3	2	1	6	5	4	9
4	5	1	8	7	9	2	6	3
2	9	6	3	5	4	7	1	8

47

6	8	4	2	7	3	1	5	9
3	2	9	8	1	5	7	4	6
7	1	5	4	6	9	3	2	8
1	7	2	9	4	6	5	8	3
4	5	6	1	3	8	2	9	7
8	9	3	7	5	2	4	6	1
2	3	1	6	8	4	9	7	5
9	6	7	5	2	1	8	3	4
5	4	8	3	9	7	6	1	2

48

3	2	7	5	8	1	6	9	4
4	6	5	3	2	9	8	1	7
1	9	8	6	4	7	3	2	5
6	5	1	2	9	3	4	7	8
9	8	2	4	7	5	1	3	6
7	3	4	1	6	8	2	5	9
2	1	9	8	5	6	7	4	3
5	4	6	7	3	2	9	8	1
8	7	3	9	1	4	5	6	2

49

2	4	6	9	3	7	5	8	1
8	3	7	1	4	5	9	2	6
1	9	5	8	2	6	7	4	3
3	6	8	2	9	4	1	7	5
5	1	2	3	7	8	4	6	9
4	7	9	5	6	1	2	3	8
6	2	1	4	5	3	8	9	7
7	8	4	6	1	9	3	5	2
9	5	3	7	8	2	6	1	4

50

3	1	8	7	2	9	5	4	6
4	5	9	8	1	6	3	2	7
7	6	2	5	4	3	8	9	1
5	9	6	2	7	4	1	3	8
8	4	3	9	6	1	7	5	2
1	2	7	3	8	5	9	6	4
6	3	1	4	9	8	2	7	5
9	7	4	1	5	2	6	8	3
2	8	5	6	3	7	4	1	9

51

4	5	9	1	7	3	2	8	6
7	8	6	4	9	2	3	5	1
2	1	3	8	5	6	4	7	9
8	2	1	3	4	9	7	6	5
6	3	7	2	8	5	9	1	4
5	9	4	6	1	7	8	2	3
3	6	8	9	2	1	5	4	7
1	7	2	5	3	4	6	9	8
9	4	5	7	6	8	1	3	2

52

4	8	1	2	5	9	7	6	3
5	6	2	7	4	3	1	8	9
3	7	9	1	6	8	4	5	2
8	1	5	4	7	2	3	9	6
6	9	7	3	1	5	8	2	4
2	3	4	8	9	6	5	7	1
7	2	3	9	8	1	6	4	5
9	4	6	5	3	7	2	1	8
1	5	8	6	2	4	9	3	7

53

2	1	5	8	3	9	6	4	7
3	6	9	5	4	7	1	8	2
7	4	8	1	6	2	3	9	5
6	7	4	2	9	3	8	5	1
1	8	2	4	5	6	7	3	9
5	9	3	7	8	1	4	2	6
9	2	6	3	7	8	5	1	4
8	5	1	6	2	4	9	7	3
4	3	7	9	1	5	2	6	8

54

3	1	8	4	5	9	7	6	2
7	2	5	1	8	6	3	9	4
6	4	9	7	2	3	1	8	5
4	7	1	5	9	2	8	3	6
9	3	6	8	4	1	5	2	7
8	5	2	3	6	7	4	1	9
5	9	3	6	7	8	2	4	1
2	8	7	9	1	4	6	5	3
1	6	4	2	3	5	9	7	8

55

5	7	3	8	4	2	1	6	9
9	1	2	7	3	6	4	5	8
8	4	6	5	9	1	2	3	7
4	9	8	1	6	5	3	7	2
6	3	7	9	2	8	5	4	1
1	2	5	3	7	4	8	9	6
3	8	1	6	5	7	9	2	4
2	6	9	4	1	3	7	8	5
7	5	4	2	8	9	6	1	3

56

5	8	3	9	1	4	6	7	2
9	1	6	7	3	2	5	4	8
2	4	7	8	5	6	9	1	3
3	5	9	1	7	8	4	2	6
8	6	1	4	2	5	3	9	7
7	2	4	6	9	3	1	8	5
1	9	8	3	6	7	2	5	4
6	7	5	2	4	1	8	3	9
4	3	2	5	8	9	7	6	1

57

2	4	8	7	3	5	9	6	1
1	7	3	9	6	8	4	2	5
5	9	6	2	1	4	7	8	3
4	3	9	1	5	2	6	7	8
8	5	1	6	4	7	3	9	2
6	2	7	8	9	3	5	1	4
3	1	2	4	7	6	8	5	9
7	8	5	3	2	9	1	4	6
9	6	4	5	8	1	2	3	7

58

7	5	4	9	2	8	1	3	6
3	1	2	6	5	7	4	8	9
8	9	6	1	3	4	7	2	5
4	8	9	2	7	6	5	1	3
6	7	5	3	8	1	9	4	2
2	3	1	5	4	9	6	7	8
1	2	8	4	6	5	3	9	7
5	4	7	8	9	3	2	6	1
9	6	3	7	1	2	8	5	4

59

1	7	6	4	8	9	3	2	5
9	2	3	5	1	6	4	8	7
5	4	8	7	3	2	9	6	1
3	6	7	2	9	1	8	5	4
8	1	9	3	4	5	6	7	2
4	5	2	8	6	7	1	3	9
6	3	5	1	7	4	2	9	8
2	9	1	6	5	8	7	4	3
7	8	4	9	2	3	5	1	6

60

2	9	8	1	7	3	4	6	5
1	5	4	6	2	9	7	8	3
3	7	6	4	5	8	2	1	9
6	8	2	5	1	7	9	3	4
7	4	9	3	8	6	1	5	2
5	3	1	2	9	4	6	7	8
9	1	5	7	3	2	8	4	6
8	6	7	9	4	5	3	2	1
4	2	3	8	6	1	5	9	7

61

1	5	3	8	7	2	6	9	4
2	6	7	4	5	9	3	1	8
4	8	9	1	6	3	7	5	2
8	9	4	5	3	1	2	7	6
7	2	1	6	8	4	5	3	9
5	3	6	2	9	7	8	4	1
6	4	8	7	1	5	9	2	3
9	7	2	3	4	8	1	6	5
3	1	5	9	2	6	4	8	7

62

8	7	9	1	2	6	3	4	5
6	5	1	3	4	7	2	8	9
4	2	3	9	8	5	1	6	7
7	6	5	8	1	2	4	9	3
9	1	4	5	6	3	7	2	8
2	3	8	7	9	4	6	5	1
3	8	2	6	7	9	5	1	4
5	9	6	4	3	1	8	7	2
1	4	7	2	5	8	9	3	6

63

4	6	1	7	8	2	3	5	9
2	5	8	9	1	3	7	4	6
9	7	3	5	6	4	2	8	1
3	1	5	8	2	7	6	9	4
8	9	2	4	3	6	1	7	5
7	4	6	1	5	9	8	3	2
6	2	9	3	7	5	4	1	8
1	3	4	6	9	8	5	2	7
5	8	7	2	4	1	9	6	3

64

9	8	2	1	3	4	7	6	5
1	4	6	7	2	5	3	9	8
7	5	3	6	8	9	4	1	2
5	6	4	2	9	1	8	7	3
3	1	8	5	6	7	2	4	9
2	7	9	3	4	8	6	5	1
8	9	1	4	7	3	5	2	6
6	3	7	9	5	2	1	8	4
4	2	5	8	1	6	9	3	7

65

6	5	1	2	7	4	8	9	3
7	4	8	9	3	6	5	1	2
2	3	9	8	5	1	7	4	6
3	6	4	1	8	7	2	5	9
9	1	7	4	2	5	3	6	8
8	2	5	6	9	3	4	7	1
1	7	2	3	4	9	6	8	5
5	9	3	7	6	8	1	2	4
4	8	6	5	1	2	9	3	7

66

3	1	2	8	6	9	5	7	4
6	9	4	7	5	2	8	3	1
5	8	7	4	1	3	2	9	6
7	4	3	6	9	8	1	2	5
8	2	5	3	7	1	4	6	9
1	6	9	5	2	4	3	8	7
2	7	8	1	4	6	9	5	3
9	5	1	2	3	7	6	4	8
4	3	6	9	8	5	7	1	2

67

6	8	9	5	3	4	7	2	1
1	4	5	7	2	8	3	6	9
3	7	2	9	6	1	8	4	5
5	6	1	8	4	2	9	7	3
7	9	8	6	5	3	4	1	2
4	2	3	1	7	9	6	5	8
9	3	7	4	1	5	2	8	6
2	1	4	3	8	6	5	9	7
8	5	6	2	9	7	1	3	4

68

1	3	2	9	6	4	7	5	8
7	6	8	2	3	5	1	9	4
5	9	4	8	1	7	6	3	2
3	8	9	1	4	6	5	2	7
2	7	6	3	5	9	4	8	1
4	1	5	7	8	2	3	6	9
9	5	1	4	2	3	8	7	6
8	2	3	6	7	1	9	4	5
6	4	7	5	9	8	2	1	3

69

9	6	5	1	3	4	2	8	7
2	4	7	6	9	8	3	5	1
8	1	3	2	5	7	6	9	4
6	3	1	7	2	5	9	4	8
5	2	8	9	4	1	7	3	6
4	7	9	3	8	6	1	2	5
1	8	2	4	6	3	5	7	9
3	5	6	8	7	9	4	1	2
7	9	4	5	1	2	8	6	3

70

9	6	4	2	8	3	5	7	1
8	3	5	6	1	7	9	4	2
1	2	7	4	5	9	6	3	8
2	7	8	1	6	5	3	9	4
6	4	3	7	9	2	1	8	5
5	9	1	3	4	8	7	2	6
3	8	9	5	2	6	4	1	7
4	5	2	9	7	1	8	6	3
7	1	6	8	3	4	2	5	9

71

9	3	6	7	5	8	2	1	4
7	2	8	1	3	4	9	6	5
5	1	4	2	9	6	7	3	8
2	7	5	6	4	1	8	9	3
6	4	9	8	7	3	1	5	2
3	8	1	9	2	5	6	4	7
1	5	7	4	8	9	3	2	6
8	6	3	5	1	2	4	7	9
4	9	2	3	6	7	5	8	1

72

8	4	1	2	9	7	5	6	3
5	9	6	3	1	4	2	8	7
7	2	3	5	6	8	4	1	9
9	3	7	8	2	1	6	4	5
2	6	8	4	5	3	7	9	1
4	1	5	6	7	9	8	3	2
6	8	2	1	3	5	9	7	4
3	7	4	9	8	2	1	5	6
1	5	9	7	4	6	3	2	8

73

5	3	7	9	6	1	2	4	8
1	8	2	3	4	5	9	7	6
6	4	9	7	8	2	3	5	1
4	9	1	2	5	8	6	3	7
8	7	5	4	3	6	1	2	9
3	2	6	1	7	9	5	8	4
2	6	3	8	1	4	7	9	5
7	1	8	5	9	3	4	6	2
9	5	4	6	2	7	8	1	3

74

4	1	3	9	7	6	2	8	5
9	6	2	1	5	8	3	4	7
5	7	8	3	2	4	6	9	1
7	3	5	6	8	1	9	2	4
6	8	9	2	4	5	1	7	3
1	2	4	7	9	3	5	6	8
3	4	7	5	6	9	8	1	2
8	5	6	4	1	2	7	3	9
2	9	1	8	3	7	4	5	6

75

5	9	1	6	8	3	7	2	4
2	4	3	5	1	7	8	6	9
7	6	8	9	4	2	1	5	3
9	8	6	3	5	1	2	4	7
1	7	5	2	6	4	9	3	8
3	2	4	7	9	8	6	1	5
4	1	9	8	3	6	5	7	2
8	3	7	1	2	5	4	9	6
6	5	2	4	7	9	3	8	1

76

3	5	6	9	7	4	2	1	8
9	8	2	5	1	6	4	3	7
4	7	1	2	8	3	5	9	6
8	9	5	1	3	7	6	4	2
6	3	4	8	2	5	9	7	1
1	2	7	4	6	9	8	5	3
7	6	9	3	4	8	1	2	5
2	4	3	6	5	1	7	8	9
5	1	8	7	9	2	3	6	4

77

6	7	9	2	4	1	5	8	3
4	5	3	6	9	8	7	1	2
2	1	8	5	3	7	6	9	4
7	3	5	1	8	9	4	2	6
9	2	4	7	5	6	8	3	1
8	6	1	3	2	4	9	5	7
1	8	2	4	7	5	3	6	9
5	4	6	9	1	3	2	7	8
3	9	7	8	6	2	1	4	5

78

4	1	3	8	5	2	6	7	9
5	9	2	4	6	7	8	1	3
6	7	8	3	9	1	4	5	2
8	5	4	2	3	9	1	6	7
7	6	9	5	1	4	3	2	8
3	2	1	7	8	6	5	9	4
2	3	5	6	7	8	9	4	1
9	4	6	1	2	3	7	8	5
1	8	7	9	4	5	2	3	6

79

1	3	6	7	8	4	2	9	5
7	8	9	3	2	5	6	4	1
4	2	5	6	1	9	3	8	7
8	1	3	4	9	7	5	2	6
5	9	4	2	6	3	7	1	8
6	7	2	8	5	1	4	3	9
3	6	7	9	4	8	1	5	2
9	4	1	5	7	2	8	6	3
2	5	8	1	3	6	9	7	4

80

6	9	3	8	5	2	7	4	1
5	4	2	7	6	1	8	9	3
1	7	8	9	3	4	5	2	6
4	2	5	3	1	8	6	7	9
3	1	6	4	7	9	2	5	8
9	8	7	6	2	5	3	1	4
8	3	1	2	4	7	9	6	5
7	5	9	1	8	6	4	3	2
2	6	4	5	9	3	1	8	7

81

3	7	2	8	5	4	1	9	6
5	8	4	9	6	1	2	7	3
6	9	1	7	3	2	4	8	5
2	6	3	1	4	9	8	5	7
9	4	7	3	8	5	6	1	2
8	1	5	6	2	7	3	4	9
4	3	9	5	1	6	7	2	8
1	5	8	2	7	3	9	6	4
7	2	6	4	9	8	5	3	1

82

8	4	7	5	3	6	1	2	9
6	1	3	8	9	2	7	4	5
9	2	5	1	7	4	6	3	8
2	6	9	3	1	8	4	5	7
5	7	4	6	2	9	8	1	3
3	8	1	7	4	5	9	6	2
4	3	2	9	8	1	5	7	6
1	5	8	2	6	7	3	9	4
7	9	6	4	5	3	2	8	1

83

4	1	3	9	5	6	8	2	7
6	7	5	8	2	4	1	9	3
2	9	8	1	3	7	6	4	5
7	4	6	2	8	1	3	5	9
5	2	9	4	6	3	7	8	1
3	8	1	5	7	9	2	6	4
9	6	2	7	1	5	4	3	8
1	3	4	6	9	8	5	7	2
8	5	7	3	4	2	9	1	6

84

7	9	3	2	8	4	6	1	5
1	5	8	7	6	3	9	2	4
2	6	4	5	1	9	7	3	8
9	1	2	4	7	6	5	8	3
5	4	6	9	3	8	2	7	1
8	3	7	1	2	5	4	9	6
3	7	1	6	5	2	8	4	9
6	2	9	8	4	1	3	5	7
4	8	5	3	9	7	1	6	2

85

2	3	8	1	5	7	9	4	6
4	9	1	6	2	3	8	5	7
6	7	5	8	9	4	3	2	1
7	4	9	5	3	6	2	1	8
1	2	6	4	7	8	5	3	9
5	8	3	9	1	2	7	6	4
9	6	4	3	8	5	1	7	2
8	5	2	7	6	1	4	9	3
3	1	7	2	4	9	6	8	5

86

8	2	4	3	5	1	9	7	6
9	3	1	7	4	6	5	8	2
7	5	6	8	9	2	3	4	1
5	9	7	2	3	8	6	1	4
6	4	3	1	7	5	2	9	8
1	8	2	4	6	9	7	3	5
4	6	5	9	1	3	8	2	7
3	7	8	6	2	4	1	5	9
2	1	9	5	8	7	4	6	3

87

8	9	5	7	4	1	3	6	2
3	7	2	5	8	6	9	1	4
1	6	4	3	9	2	5	7	8
4	2	7	6	3	9	8	5	1
6	5	3	8	1	7	4	2	9
9	8	1	2	5	4	7	3	6
7	3	6	9	2	8	1	4	5
5	1	8	4	6	3	2	9	7
2	4	9	1	7	5	6	8	3

88

5	6	1	2	9	8	3	4	7
7	8	2	4	6	3	5	1	9
9	3	4	7	5	1	6	8	2
4	2	5	3	7	9	8	6	1
6	1	7	8	2	5	9	3	4
3	9	8	1	4	6	7	2	5
1	7	3	5	8	2	4	9	6
8	5	6	9	1	4	2	7	3
2	4	9	6	3	7	1	5	8

89

1	6	2	3	7	8	4	9	5
4	5	7	1	9	2	6	3	8
8	3	9	6	4	5	2	7	1
6	8	1	9	3	4	5	2	7
5	7	3	2	8	6	1	4	9
9	2	4	7	5	1	3	8	6
3	4	8	5	6	7	9	1	2
2	9	6	8	1	3	7	5	4
7	1	5	4	2	9	8	6	3

90

7	5	8	9	3	6	2	1	4
4	3	9	1	7	2	8	5	6
6	1	2	8	5	4	7	3	9
1	7	6	2	8	5	9	4	3
8	2	4	3	6	9	5	7	1
3	9	5	7	4	1	6	8	2
5	4	7	6	2	3	1	9	8
9	6	3	5	1	8	4	2	7
2	8	1	4	9	7	3	6	5

91

9	1	8	5	4	6	7	3	2
6	3	4	2	7	1	9	5	8
5	2	7	9	3	8	6	1	4
7	8	1	4	2	9	3	6	5
2	5	9	6	1	3	4	8	7
4	6	3	7	8	5	2	9	1
3	7	5	8	9	4	1	2	6
8	9	2	1	6	7	5	4	3
1	4	6	3	5	2	8	7	9

92

7	4	1	2	9	6	8	5	3
5	3	2	1	8	4	6	9	7
6	8	9	7	5	3	4	1	2
4	2	3	6	1	5	7	8	9
1	6	7	9	2	8	3	4	5
9	5	8	4	3	7	1	2	6
2	1	6	3	4	9	5	7	8
8	7	4	5	6	2	9	3	1
3	9	5	8	7	1	2	6	4

93

8	5	1	3	2	6	9	7	4
2	4	7	8	9	5	1	6	3
6	3	9	4	1	7	8	5	2
1	8	5	6	7	4	2	3	9
4	7	2	5	3	9	6	1	8
3	9	6	2	8	1	7	4	5
7	1	3	9	5	8	4	2	6
9	2	4	1	6	3	5	8	7
5	6	8	7	4	2	3	9	1

94

2	7	1	5	6	4	8	9	3
8	9	4	3	1	7	6	5	2
3	6	5	9	8	2	7	4	1
7	2	9	8	4	5	3	1	6
1	4	3	7	9	6	2	8	5
6	5	8	2	3	1	4	7	9
5	3	7	4	2	9	1	6	8
4	8	6	1	5	3	9	2	7
9	1	2	6	7	8	5	3	4

95

2	4	5	9	8	1	3	7	6
9	3	6	5	2	7	1	8	4
7	1	8	4	6	3	2	5	9
8	5	7	3	4	2	9	6	1
4	9	1	8	5	6	7	2	3
6	2	3	1	7	9	8	4	5
3	8	2	6	9	5	4	1	7
1	6	4	7	3	8	5	9	2
5	7	9	2	1	4	6	3	8

96

2	4	6	8	5	9	3	1	7
1	8	9	3	7	2	6	4	5
7	5	3	6	1	4	2	8	9
4	3	7	9	2	1	8	5	6
6	9	2	5	4	8	1	7	3
5	1	8	7	3	6	9	2	4
8	2	5	4	9	3	7	6	1
9	7	1	2	6	5	4	3	8
3	6	4	1	8	7	5	9	2

97

4	6	9	1	8	7	5	3	2
1	7	5	3	2	6	9	8	4
3	8	2	9	5	4	1	7	6
6	9	7	5	3	8	2	4	1
5	3	1	2	4	9	8	6	7
8	2	4	7	6	1	3	5	9
9	5	3	6	7	2	4	1	8
7	1	8	4	9	5	6	2	3
2	4	6	8	1	3	7	9	5

98

9	2	8	6	7	3	5	4	1
6	7	4	8	1	5	2	9	3
3	1	5	9	2	4	6	8	7
1	5	9	4	3	8	7	6	2
2	6	3	5	9	7	8	1	4
4	8	7	1	6	2	9	3	5
7	9	2	3	4	6	1	5	8
8	3	6	7	5	1	4	2	9
5	4	1	2	8	9	3	7	6

99

5	9	6	2	3	7	4	1	8
7	4	1	6	5	8	9	2	3
2	8	3	4	9	1	6	5	7
4	1	7	8	2	3	5	6	9
8	2	5	9	6	4	3	7	1
3	6	9	1	7	5	2	8	4
6	3	2	7	8	9	1	4	5
9	7	4	5	1	2	8	3	6
1	5	8	3	4	6	7	9	2

100

3	6	4	1	8	9	2	5	7
8	5	9	2	4	7	1	3	6
1	7	2	3	6	5	9	4	8
9	4	6	5	1	2	8	7	3
7	3	8	4	9	6	5	1	2
2	1	5	7	3	8	4	6	9
4	2	1	9	7	3	6	8	5
6	9	3	8	5	1	7	2	4
5	8	7	6	2	4	3	9	1

101

1	6	7	9	2	4	3	5	8
5	2	3	7	8	1	6	9	4
4	8	9	6	3	5	1	2	7
9	3	8	1	5	6	4	7	2
2	7	1	3	4	8	9	6	5
6	5	4	2	7	9	8	3	1
7	1	6	4	9	2	5	8	3
8	4	2	5	6	3	7	1	9
3	9	5	8	1	7	2	4	6

102

7	2	8	6	1	3	4	9	5
1	9	6	4	5	7	3	2	8
4	5	3	9	2	8	1	7	6
9	6	5	1	4	2	8	3	7
8	1	4	7	3	9	5	6	2
3	7	2	8	6	5	9	1	4
6	8	9	3	7	4	2	5	1
5	4	1	2	9	6	7	8	3
2	3	7	5	8	1	6	4	9

103

2	6	5	7	9	1	8	4	3
8	9	7	4	6	3	5	2	1
1	3	4	8	2	5	7	9	6
9	1	6	3	5	8	2	7	4
4	8	2	9	7	6	3	1	5
7	5	3	2	1	4	6	8	9
6	4	8	1	3	7	9	5	2
5	7	9	6	4	2	1	3	8
3	2	1	5	8	9	4	6	7

104

9	1	8	5	4	3	2	6	7
4	5	3	7	2	6	1	8	9
6	2	7	8	9	1	5	4	3
2	4	1	3	8	5	9	7	6
7	6	9	2	1	4	3	5	8
8	3	5	6	7	9	4	1	2
1	7	2	4	3	8	6	9	5
5	8	4	9	6	2	7	3	1
3	9	6	1	5	7	8	2	4

105

8	9	1	3	4	7	5	6	2
3	2	5	9	6	1	4	7	8
7	4	6	2	8	5	3	9	1
2	3	7	5	1	6	8	4	9
1	5	4	8	2	9	7	3	6
6	8	9	4	7	3	1	2	5
4	1	3	6	9	8	2	5	7
9	7	2	1	5	4	6	8	3
5	6	8	7	3	2	9	1	4

106

8	2	3	7	1	4	6	9	5
6	9	5	3	8	2	1	7	4
1	4	7	9	6	5	8	2	3
9	5	1	6	3	8	7	4	2
7	6	8	2	4	9	5	3	1
4	3	2	5	7	1	9	8	6
5	1	9	4	2	7	3	6	8
3	7	4	8	5	6	2	1	9
2	8	6	1	9	3	4	5	7

107

4	3	2	5	9	6	1	8	7
8	5	6	7	1	4	9	2	3
1	7	9	2	8	3	5	6	4
5	9	4	6	3	2	8	7	1
3	6	8	1	7	5	4	9	2
2	1	7	9	4	8	3	5	6
7	8	5	3	2	1	6	4	9
9	4	3	8	6	7	2	1	5
6	2	1	4	5	9	7	3	8

108

2	6	4	5	3	8	9	7	1
3	8	5	9	1	7	6	2	4
7	1	9	2	6	4	3	5	8
5	7	3	8	4	6	2	1	9
8	9	2	1	7	5	4	3	6
1	4	6	3	9	2	7	8	5
9	2	7	6	8	1	5	4	3
6	5	1	4	2	3	8	9	7
4	3	8	7	5	9	1	6	2

109

6	2	9	1	8	5	7	4	3
7	3	5	4	2	6	9	8	1
4	8	1	3	9	7	6	5	2
3	7	8	6	4	2	5	1	9
1	6	4	8	5	9	3	2	7
9	5	2	7	1	3	4	6	8
8	1	3	9	6	4	2	7	5
5	4	7	2	3	1	8	9	6
2	9	6	5	7	8	1	3	4

110

3	9	5	8	7	6	2	4	1
8	2	1	9	3	4	5	6	7
7	6	4	5	2	1	9	3	8
5	8	2	7	1	3	6	9	4
1	3	6	2	4	9	8	7	5
9	4	7	6	5	8	1	2	3
6	7	9	3	8	5	4	1	2
2	1	8	4	6	7	3	5	9
4	5	3	1	9	2	7	8	6

111

8	7	5	3	1	4	2	6	9
6	3	1	9	8	2	4	7	5
9	4	2	5	7	6	8	3	1
7	8	3	6	5	1	9	4	2
5	2	4	8	3	9	7	1	6
1	6	9	2	4	7	5	8	3
2	1	7	4	9	3	6	5	8
4	9	8	1	6	5	3	2	7
3	5	6	7	2	8	1	9	4

112

6	5	9	8	4	2	7	1	3
3	4	2	5	7	1	6	9	8
7	8	1	3	6	9	5	4	2
8	9	4	2	1	7	3	5	6
2	1	6	4	3	5	9	8	7
5	7	3	6	9	8	4	2	1
4	6	8	9	2	3	1	7	5
1	3	5	7	8	4	2	6	9
9	2	7	1	5	6	8	3	4

113

3	9	5	7	2	4	8	6	1
2	6	7	3	1	8	9	5	4
1	8	4	9	5	6	3	2	7
7	1	3	4	8	2	6	9	5
5	4	9	6	3	7	1	8	2
8	2	6	1	9	5	7	4	3
4	7	1	2	6	9	5	3	8
9	3	8	5	4	1	2	7	6
6	5	2	8	7	3	4	1	9

114

4	7	3	1	8	9	6	5	2
1	2	9	6	4	5	8	7	3
8	6	5	2	3	7	9	4	1
9	4	2	5	1	6	7	3	8
3	1	8	7	2	4	5	6	9
6	5	7	8	9	3	2	1	4
2	8	6	4	7	1	3	9	5
7	3	4	9	5	8	1	2	6
5	9	1	3	6	2	4	8	7

115

3	1	8	6	4	2	5	9	7
9	2	7	8	3	5	6	4	1
5	6	4	1	7	9	2	8	3
7	4	2	5	1	6	9	3	8
8	9	6	7	2	3	1	5	4
1	5	3	4	9	8	7	6	2
6	3	5	2	8	7	4	1	9
2	8	1	9	5	4	3	7	6
4	7	9	3	6	1	8	2	5

116

3	6	9	1	4	2	5	8	7
1	4	7	6	8	5	2	9	3
5	8	2	3	7	9	1	6	4
7	9	6	5	1	4	3	2	8
4	2	5	9	3	8	7	1	6
8	1	3	7	2	6	4	5	9
9	3	4	2	6	1	8	7	5
6	7	1	8	5	3	9	4	2
2	5	8	4	9	7	6	3	1

117

3	9	5	7	2	1	4	8	6
2	8	4	5	6	9	1	7	3
1	6	7	8	3	4	5	2	9
5	2	9	3	1	7	8	6	4
8	1	3	2	4	6	7	9	5
4	7	6	9	5	8	3	1	2
6	3	1	4	8	2	9	5	7
9	5	8	6	7	3	2	4	1
7	4	2	1	9	5	6	3	8

118

1	4	9	3	8	2	6	5	7
5	8	7	4	6	9	3	1	2
2	6	3	5	1	7	8	4	9
3	7	8	6	5	1	9	2	4
4	1	6	2	9	3	7	8	5
9	5	2	7	4	8	1	6	3
6	3	5	1	7	4	2	9	8
7	9	1	8	2	5	4	3	6
8	2	4	9	3	6	5	7	1

119

3	5	7	4	9	6	1	8	2
8	9	1	2	5	3	7	6	4
4	6	2	8	7	1	5	9	3
7	8	6	3	4	5	9	2	1
5	2	9	6	1	7	3	4	8
1	3	4	9	8	2	6	5	7
2	4	5	1	3	9	8	7	6
9	1	8	7	6	4	2	3	5
6	7	3	5	2	8	4	1	9

120

5	6	7	2	4	8	3	1	9
2	4	1	7	9	3	8	6	5
9	8	3	6	1	5	4	2	7
6	9	4	8	3	2	7	5	1
7	1	8	9	5	6	2	3	4
3	5	2	1	7	4	6	9	8
1	2	9	3	8	7	5	4	6
4	7	6	5	2	1	9	8	3
8	3	5	4	6	9	1	7	2

121

2	8	6	4	1	3	5	9	7
4	9	5	6	7	2	3	1	8
7	3	1	9	8	5	4	6	2
3	1	4	7	2	6	9	8	5
5	7	8	3	9	4	6	2	1
6	2	9	8	5	1	7	3	4
1	4	2	5	3	9	8	7	6
8	5	3	1	6	7	2	4	9
9	6	7	2	4	8	1	5	3

122

1	6	4	2	8	9	3	7	5
2	5	9	1	3	7	4	6	8
7	3	8	6	4	5	2	9	1
8	2	5	4	7	6	9	1	3
4	9	7	3	1	2	8	5	6
3	1	6	9	5	8	7	4	2
6	8	1	7	2	4	5	3	9
9	7	2	5	6	3	1	8	4
5	4	3	8	9	1	6	2	7

123

6	2	8	5	9	3	1	4	7
5	7	9	8	1	4	2	6	3
4	3	1	2	6	7	8	9	5
1	9	3	6	8	2	7	5	4
7	6	5	3	4	1	9	8	2
8	4	2	7	5	9	3	1	6
9	5	7	1	2	6	4	3	8
2	8	4	9	3	5	6	7	1
3	1	6	4	7	8	5	2	9

124

9	4	5	6	8	1	3	7	2
7	6	8	2	9	3	5	1	4
2	3	1	5	7	4	8	6	9
6	1	4	8	3	7	9	2	5
8	7	9	4	5	2	6	3	1
5	2	3	9	1	6	7	4	8
1	5	7	3	4	8	2	9	6
3	9	6	1	2	5	4	8	7
4	8	2	7	6	9	1	5	3

125

7	9	3	4	1	2	6	8	5
4	2	6	9	8	5	7	3	1
8	1	5	6	7	3	4	9	2
2	5	1	7	3	8	9	4	6
6	4	7	1	2	9	8	5	3
3	8	9	5	6	4	1	2	7
1	3	8	2	9	6	5	7	4
9	6	4	3	5	7	2	1	8
5	7	2	8	4	1	3	6	9

126

7	5	8	6	3	2	1	9	4
6	2	4	9	7	1	3	8	5
3	1	9	5	8	4	6	2	7
1	6	7	3	4	9	2	5	8
5	9	3	8	2	6	7	4	1
8	4	2	1	5	7	9	6	3
9	8	1	7	6	5	4	3	2
2	7	5	4	9	3	8	1	6
4	3	6	2	1	8	5	7	9

127

4	5	7	2	1	6	3	9	8
8	6	3	4	9	7	2	5	1
9	2	1	3	8	5	4	7	6
2	4	8	7	6	1	5	3	9
1	3	5	9	4	2	8	6	7
7	9	6	8	5	3	1	4	2
5	1	9	6	2	4	7	8	3
6	7	4	1	3	8	9	2	5
3	8	2	5	7	9	6	1	4

128

1	8	9	7	6	2	3	4	5
7	4	2	5	3	9	8	6	1
6	3	5	1	8	4	7	9	2
9	1	7	2	5	8	4	3	6
3	5	6	4	1	7	2	8	9
8	2	4	3	9	6	5	1	7
2	7	1	6	4	3	9	5	8
5	9	3	8	7	1	6	2	4
4	6	8	9	2	5	1	7	3

129

6	9	8	7	5	1	4	3	2
2	7	1	4	8	3	6	9	5
3	4	5	6	9	2	1	8	7
8	6	4	3	2	7	5	1	9
5	2	7	8	1	9	3	6	4
1	3	9	5	6	4	7	2	8
4	8	2	1	7	6	9	5	3
7	5	6	9	3	8	2	4	1
9	1	3	2	4	5	8	7	6

130

8	5	3	6	7	4	2	1	9
2	6	4	9	1	8	3	5	7
7	1	9	2	5	3	4	8	6
4	3	1	5	2	7	9	6	8
6	2	7	4	8	9	1	3	5
5	9	8	1	3	6	7	4	2
3	8	6	7	9	1	5	2	4
9	4	2	3	6	5	8	7	1
1	7	5	8	4	2	6	9	3

131

5	4	8	1	2	9	6	3	7
7	2	1	3	6	5	8	4	9
9	3	6	8	7	4	2	1	5
3	5	9	6	8	1	7	2	4
6	8	4	2	9	7	1	5	3
2	1	7	4	5	3	9	8	6
1	9	2	5	4	6	3	7	8
8	7	5	9	3	2	4	6	1
4	6	3	7	1	8	5	9	2

132

3	4	7	8	6	2	1	5	9
5	8	2	1	7	9	4	6	3
9	1	6	3	5	4	2	8	7
7	2	8	9	3	5	6	1	4
1	5	9	4	2	6	7	3	8
4	6	3	7	1	8	9	2	5
6	3	5	2	9	7	8	4	1
8	7	1	6	4	3	5	9	2
2	9	4	5	8	1	3	7	6

133

2	5	3	7	4	6	8	9	1
8	4	6	1	9	3	7	2	5
7	9	1	2	8	5	6	4	3
3	2	5	6	7	9	4	1	8
6	1	4	3	2	8	9	5	7
9	7	8	5	1	4	3	6	2
1	3	9	8	6	2	5	7	4
4	8	2	9	5	7	1	3	6
5	6	7	4	3	1	2	8	9

134

7	5	4	2	3	8	1	9	6
3	6	8	5	1	9	4	7	2
2	1	9	6	7	4	5	3	8
4	3	1	7	5	6	8	2	9
9	8	2	3	4	1	7	6	5
5	7	6	9	8	2	3	1	4
8	2	3	4	6	7	9	5	1
6	4	7	1	9	5	2	8	3
1	9	5	8	2	3	6	4	7

135

7	3	4	2	6	1	9	5	8
6	8	1	9	5	4	2	7	3
5	9	2	8	3	7	4	1	6
9	5	6	1	7	2	8	3	4
3	2	7	4	8	5	6	9	1
4	1	8	3	9	6	5	2	7
1	6	3	5	2	8	7	4	9
8	4	5	7	1	9	3	6	2
2	7	9	6	4	3	1	8	5

136

5	9	7	4	3	2	1	8	6
3	8	4	5	1	6	2	7	9
1	2	6	9	7	8	4	5	3
8	3	9	6	5	1	7	2	4
7	5	1	2	9	4	3	6	8
4	6	2	3	8	7	5	9	1
2	7	3	1	6	9	8	4	5
6	4	5	8	2	3	9	1	7
9	1	8	7	4	5	6	3	2

137

2	3	6	8	7	1	9	4	5
7	5	9	6	4	3	2	1	8
1	8	4	5	2	9	3	6	7
9	6	5	2	1	8	4	7	3
8	1	3	4	9	7	5	2	6
4	7	2	3	6	5	8	9	1
6	9	8	7	3	4	1	5	2
3	4	7	1	5	2	6	8	9
5	2	1	9	8	6	7	3	4

138

7	9	2	6	5	3	4	8	1
4	6	1	8	2	7	5	9	3
5	3	8	1	9	4	2	7	6
9	8	6	2	7	1	3	5	4
1	4	7	5	3	9	6	2	8
3	2	5	4	6	8	9	1	7
6	5	4	7	8	2	1	3	9
8	1	3	9	4	5	7	6	2
2	7	9	3	1	6	8	4	5

139

7	9	3	2	8	4	5	6	1
8	4	1	5	9	6	2	7	3
6	5	2	7	1	3	4	9	8
3	2	8	6	5	9	7	1	4
5	6	7	3	4	1	9	8	2
9	1	4	8	2	7	3	5	6
1	3	9	4	7	8	6	2	5
4	7	5	1	6	2	8	3	9
2	8	6	9	3	5	1	4	7

140

8	4	5	9	7	6	3	2	1
1	7	2	4	5	3	8	9	6
6	3	9	2	1	8	7	4	5
2	5	1	8	6	4	9	7	3
3	9	7	5	2	1	6	8	4
4	8	6	3	9	7	1	5	2
5	2	8	1	3	9	4	6	7
9	6	3	7	4	5	2	1	8
7	1	4	6	8	2	5	3	9

141

9	6	5	1	8	3	4	7	2
4	7	3	6	2	9	8	1	5
2	8	1	5	4	7	9	6	3
7	5	8	3	9	4	1	2	6
1	9	2	8	6	5	3	4	7
3	4	6	2	7	1	5	8	9
5	2	9	4	1	6	7	3	8
8	1	7	9	3	2	6	5	4
6	3	4	7	5	8	2	9	1

142

1	3	2	8	6	7	4	9	5
9	6	4	5	1	2	7	3	8
8	5	7	4	3	9	2	1	6
4	8	1	7	9	3	5	6	2
3	7	6	2	5	1	8	4	9
2	9	5	6	4	8	1	7	3
5	1	3	9	2	4	6	8	7
6	4	8	3	7	5	9	2	1
7	2	9	1	8	6	3	5	4

143

9	1	5	4	8	2	7	3	6
4	7	6	3	5	9	2	8	1
3	2	8	7	1	6	4	5	9
8	9	7	5	4	1	3	6	2
2	3	4	9	6	7	5	1	8
5	6	1	2	3	8	9	4	7
7	8	3	6	9	4	1	2	5
1	5	2	8	7	3	6	9	4
6	4	9	1	2	5	8	7	3

144

1	6	9	8	4	5	3	7	2
8	2	4	3	7	1	9	6	5
3	7	5	6	9	2	8	4	1
9	4	8	5	1	6	2	3	7
7	1	6	4	2	3	5	8	9
2	5	3	9	8	7	6	1	4
5	8	2	7	3	4	1	9	6
4	3	1	2	6	9	7	5	8
6	9	7	1	5	8	4	2	3

145

8	9	6	3	2	7	5	4	1
4	2	1	8	5	9	3	7	6
5	7	3	4	6	1	9	2	8
3	4	9	1	8	2	6	5	7
6	1	5	7	9	3	2	8	4
2	8	7	6	4	5	1	9	3
1	5	4	9	7	6	8	3	2
7	3	2	5	1	8	4	6	9
9	6	8	2	3	4	7	1	5

146

7	10	3	1	12	4	6	5	8	2	11	9
8	11	6	9	10	2	3	7	4	1	12	5
2	5	4	12	8	1	9	11	7	3	10	6
1	4	2	3	9	7	11	8	12	6	5	10
12	9	8	11	1	5	10	6	3	4	7	2
5	7	10	6	2	3	12	4	9	8	1	11
6	12	9	4	5	11	2	10	1	7	3	8
3	1	5	7	4	6	8	9	11	10	2	12
10	2	11	8	3	12	7	1	6	5	9	4
4	6	1	10	7	9	5	12	2	11	8	3
9	8	7	2	11	10	4	3	5	12	6	1
11	3	12	5	6	8	1	2	10	9	4	7

147

1	9	8	12	3	11	7	10	6	2	5	4
10	2	5	3	6	4	1	8	7	11	9	12
4	6	11	7	9	2	5	12	8	1	10	3
9	8	6	4	12	1	10	7	2	5	3	11
5	7	2	10	11	6	3	4	12	8	1	9
12	11	3	1	8	5	9	2	10	4	7	6
7	12	9	8	5	3	4	6	11	10	2	1
11	5	4	2	1	10	8	9	3	12	6	7
3	10	1	6	2	7	12	11	4	9	8	5
6	1	12	5	4	8	2	3	9	7	11	10
2	4	10	11	7	9	6	5	1	3	12	8
8	3	7	9	10	12	11	1	5	6	4	2

148

4	8	6	1	5	3	12	10	7	2	11	9
3	10	5	12	9	2	7	11	6	4	8	1
9	11	2	7	8	1	6	4	10	12	5	3
5	6	11	4	10	12	9	7	2	3	1	8
10	1	7	3	2	6	4	8	12	11	9	5
2	12	8	9	11	5	3	1	4	7	6	10
7	2	9	10	12	4	8	6	5	1	3	11
8	4	12	11	1	10	5	3	9	6	7	2
6	3	1	5	7	11	2	9	8	10	4	12
12	9	3	8	6	7	11	2	1	5	10	4
1	5	4	6	3	8	10	12	11	9	2	7
11	7	10	2	4	9	1	5	3	8	12	6

149

1	8	12	6	7	4	9	3	10	11	2	5
10	5	3	9	6	2	11	8	7	12	4	1
7	2	11	4	12	1	5	10	3	6	9	8
2	6	5	8	11	10	1	9	12	4	3	7
11	12	9	3	8	6	7	4	2	5	1	10
4	10	1	7	5	12	3	2	9	8	6	11
12	1	7	5	3	11	8	6	4	9	10	2
6	3	4	11	10	9	2	5	1	7	8	12
8	9	10	2	1	7	4	12	5	3	11	6
9	7	2	10	4	5	6	11	8	1	12	3
3	4	6	1	2	8	12	7	11	10	5	9
5	11	8	12	9	3	10	1	6	2	7	4

150

4	6	8	3	12	1	2	5	9	7	10	11
10	11	5	1	9	8	7	3	6	2	12	4
12	2	7	9	6	4	11	10	3	8	5	1
8	3	12	6	1	2	10	9	5	11	4	7
11	7	1	10	3	6	5	4	8	12	2	9
2	5	9	4	8	7	12	11	1	10	3	6
9	10	3	5	4	12	6	7	2	1	11	8
7	1	2	11	10	5	3	8	4	6	9	12
6	12	4	8	11	9	1	2	10	5	7	3
5	4	11	2	7	3	8	1	12	9	6	10
1	9	6	7	5	10	4	12	11	3	8	2
3	8	10	12	2	11	9	6	7	4	1	5